나비의 뼈

오름시인선 · 67

나비의 뼈

이영순

Orum Edition

/ 서문 /

아무것도 모르고
팔랑거리던 애송이에게
시인 노릇 해 보라고
머리를 올려 주신지 이십여 년이 지나
이제야 겨우 세 번째 시집을 엮으면서
나의 태만이 부끄럽기 그지없다
그러나
시에 대한 궁리는 멈추지 않았다
쓰기 위해서 살기 위해서
숨어있는 진심을 들여다보려고 몸부림쳤다
삶의 성찰은 자신만을 바라보는 것이 아니라
모든 사물과의 쉼 없는 대화에서 비롯된다
그들의 지향이 곧 나의 목적이 될 수 있기 때문이다
세상의 모든 유형무형의 유기체들은
현재의 상태를 유지하기 위해서 애를 쓴다
하지만 안타깝게도 변화 없는 순간은
단 한 순간도 없다

그것이 우리들의 비애요 나의 비애다
그 비애 속에
모르는 척 앞으로만 마냥 달리든가
왜냐고 수시로 질문을 던지며 반항하든가
이 과정에서 일어나는 마음을
짧게 뭉뚱그려, 악! 소리 나게 하는 것
이것이 시라고 생각했기에
나는 늘 괴로웠다
그 고통의 일부를 또 어설프게 내보인다
아파도 좋은 꽃이 되길 바라며

        어느 가을날에

/ 차례 /

004 _ 서문

제1부 하늘 한 점 베어물고

013 _ 변명
014 _ 고양이의 노래
015 _ 새벽 소나기
016 _ 생의 향연
017 _ 파도의 어깃장
018 _ 하늘 한 점 베어물고
020 _ 맹물의 비밀
021 _ 물의 어록
022 _ 알 수 없어요
023 _ 흑백이 사랑할 때
024 _ 그리움 2
025 _ 왜
026 _ 죽은 나무의 전언
028 _ 술병에 바람소리
030 _ 하얀 하늘
032 _ 가시의 진물
034 _ 참꽃을 만나

제2부 박제된 나비

037 _ 누렁이와 달
038 _ 나비의 뼈
040 _ 거미의 달
042 _ 두 얼굴
044 _ 잎들이 낄낄거리고
046 _ 특별한 웃음
048 _ 박제된 나비
049 _ 해맑은 가을날엔
050 _ 작은 별의 장미
051 _ 피아제의 밤 고양이
052 _ 새가 올 때까지
054 _ 나비의 우울
055 _ 마지막 비
056 _ 할매의 꽃등
058 _ 돌멩이와 나
059 _ 내 안의 정화수
060 _ 세이렌의 노래

제3부 공갈빵

063 _ 내가 미끼를 물 때
064 _ 공갈빵
066 _ 늙은 자전거
067 _ 무엇으로 지울까
068 _ 사람의 뿌리
069 _ 상상은 무죄
070 _ 시시비비是是非非
071 _ 어떤 친구
072 _ 차별 없애기
073 _ 문이 있다
074 _ 물음표로 산다
075 _ 삶의 독본
076 _ 자화상
077 _ 그들이 가고 있다
078 _ 나는 그의 종이다
079 _ 매미의 우화
080 _ 밥 먹는 손목시계
082 _ 어느 갱도의 막장

제4부 비둘기의 쪽지

085 _ 어떤 엄지
086 _ 구멍 난 단지들
087 _ 깨춤
088 _ 비둘기의 쪽지
090 _ 현악오중주 속에는
092 _ 봄날에 쓴 반성문
094 _ 내 안의 강
095 _ 모르쇠 양반
096 _ 희비애환
098 _ 변명2
099 _ 실소
100 _ 어느 시인의 이야기
101 _ 어떤 결심
102 _ 이탈된 시간
104 _ 청춘의 애드빌
106 _ 허기의 웅어리
108 _ 파리의 전언
109 _ 활과 화살

110 _ [서평] 허상 벗기, 그리고 몸 가누기 | 이대영

제1부

하늘 한 점 베어물고

변명

산등성이 오르는데
정강이 기어오르는 개미
딱, 때려잡고
허리 펼 때 걸린
나뭇가지 뚝 꺾었을 때

탁!
발목을 낚아채는 나무뿌리에

아이쿠!
냉큼 엎어져 빌었다
제 멋대로 자연에 불손한 죄
변명하며
스스로 술술 불고 말았다

고양이의 노래

바람 앞의 촛불
종이컵으로 가리고
태양의 빛이라 불렀던 노래

어린 자들이여 눈을 뜨자
소리에 속지 말고 촛농에 데지 말고
흐르는 물을 보자
손짓하는 풀잎의 방향을 보자
천둥도 순간, 번개도 순간

물은 여전히 흐르고
바람은 쉬지 않을 것이니

새벽 소나기

허방, 구름라인
빗소리 뚫어 천둥이 울고
뒤를 이어 앰뷸런스 소리 삐꼬삐꼬
자동차 미끄러지는 사이로
알 수 없는 괴성에 추를 거는 새벽

쉼 없이 들리는 빗소리는
저마다 짖어대는 사람의 소리
똑똑 후둑타닥 주르륵 퐁당
잠을 베고도, 밤새 앓는 소리하더니
밭은기침 소리로 또 뛴다

구름이 하늘 문을 열어젖히듯
스스로 소나기일 수 없는 사람들이
흠씬 젖어 속내를 씻을 때
쏟아내는 괴성은 불덩어리다

생의 향연

욕망을 살라
빨갛게 달아오른 단풍나무
깊고 깊은 고뇌 속에
노랗게 떠가는 은행나무

어제도 오늘도
바람에 휘둘리며
제 얼굴을 살라먹고 있다

저마다
왕의 춤을 추면서

파도의 어깃장

파도가
거품 토하며 날 뛰는 것은
숯검정 바위의 뒷모습이 보이기 때문이다

파도 속에 얼굴을 묻고
날마다 흘리는 바위의 짜디짠 눈물이
견딜 수 없도록 아파서

파도는 소리치는 것이다
자꾸 작아지는 바위가 안타까워
제 몸 뒤집히도록 덤비는 것이다

부수고 싶은 것이다
아무것도 주지 못하는 제 가슴을

하늘 한 점 베어물고

비 내리는 연못에
음습한 굴이 보인다

하늘 가린 연잎 위
출렁이다 넘치는 빗물 속에서
통통하고 꼿꼿한 줏대
난들난들 흔들리는 수초 사이로
애 터지는 청개구리 울음 새나간다

빛과 어둠으로 나뉘어 자라는 연
뿌리는 어둠에 신명나고
잎은 햇빛이 짐벙져도
오늘은 그저 젖어드는 날
실낱같은 몸에 황소같이 짐을 지고
똬리 틀었던 긴 숨을 풀어낸다

시궁창 속에서 벌어지는 인욕의 촉
진흙에 뿌리박고 물위로 수려한 꽃 피워
하늘 한 점 베어 물고 점점이 구멍 난 연밥

뻥 뚫린 구멍 속에서 웃음소리 들린다
뽀얀 연뿌리 살 속에도
깊어지는 동굴이 보인다

굴은
음습한 동굴은
살아있는 것들의 숨구멍이었다

맹물의 비밀

콩나물에 흐르는 물도
멈출 때가 있고
몸 없는 바람도 그냥 지나치지 않는데
빛 보면 반짝이고 바람 만나 헤살거리는
뼈 없는 물이라

갈퀴 손 떠드는 입이 없다고
생각조차 없는 줄 알지
시궁창이던 바닷물이던
무리 없이 어울리니
속도 배알도 없는 줄 알지

흐름을 거스르며
천방지축 날뛰다가
천둥벼락 속에 혼비백산하지
물에 천둥벼락 들어있다고
번뜩임으로 말하는 침묵의 뜻을

우리는 모르는 채
엎치락뒤치락
그저 쓸려가는 거지

물의 어록

나는 손이 없어 자유롭다
나는 눈이 없어 자유롭다
나는 고집이 없어 자유롭다
나는 好不好 없어 자유롭다

흘러가는 나는
구멍 나지 않는다

알 수 없어요

하늘이 짙푸를 때
더 뽀얗게 퍼지는 안개는
천지간의 어울림

추운 날엔 입 덜어주는 잎
길어지는 밤에 물러서 주는 낮
자연의 어울림 속에

"물에 빠진 놈 건져 놓으니까
내 봇짐 내라고 한다."는
속담 속의 너와 내가 사는데

고마움 모르고 기고만장하면
물에 빠진 놈이고
애써 살려주고 누명쓰며 혀를 차면
어리석은 놈이 되나

나도 모르겠다
다신 하지 말자, 그런 짓
무슨 짓?

흑백이 사랑할 때

검은 대지에
흰 빛이 내리 꽂이면
지축이 흔들이며 화산이 터지고
나비는 잿빛의 구름을 탄다

진흙 속에 꿈틀거리며
생명 하나 둥지를 틀 때
하늘로 승천하는 이무기처럼
높아가는 희열에 멎어버리는 숨

혼돈 속에 잉태된 생명
점점 멀어지는 붉디붉은 꽃나무
검은 땅을 딛고 파란하늘 우러르는
회색의 일생에 비가 내린다

누가
세상을
왜

나누어 놓았을까
신의 조화, 울음 꽃이 핀다

그리움 2

그가 그린
그림 한 점엔 석양이 걸렸다

감나무 끝
까치밥 한 알이
붉게 서서 미동 없이 바라보는
텅 비워진 겨울 풍경

그림 위에 하얗게 지워진
봄, 여름, 가을은
겨울 꼭대기 노을에 젖어
홍시가 품고 있는 달콤한 속살

빈 들판 눈 위에
소리 없이
찍히는 까치 발자국

왜

나무들이
하늘을 오르고 있다
물구나무로

땅 속 깊이 머리 박고
터지도록 하는 궁리
밀치며 저치며 향하는 하늘

쭉 빠진 다리거나
꺾이고 굽어진 다리거나
종일 허공을 휘적거리다가

퍼렇게 멍든 나무들
점점 멀어지는 하늘에
발을 동동 구르며 걷는 잰걸음

오늘도
휴식 없이 걸어간다
하늘로, 하늘로

죽은 나무의 전언

천지가 파란 계절에
검게 서있는 나무가 있다
욕망의 잎들 굿하는 무리 속에
앙상한 뼈대를 드러낸 채

눈꽃으로 하얗게 서있던 날도
노을에 붉게 흔들리던 날도
역광으로 까맣게 지워지고 있다
크고 작은 변화를 그리며

쉼 없이 지나가는 변화의 과정
제 옆구리 쫓아대는 딱따구리에게
죽은 나무는 딱딱딱 이야기를 한다

"죽음은 밤의 취침
아침의 기상과정과 본질적으로 차이가 없다
다만 커다란 과정일 뿐"*이라고
죽어서도 꼿꼿한**힐티의 전언에

잎들이 손뼉을 친다
가지들 얼싸 안고 춤을 춘다
모두가 찰나의 연속이었다.

* 칼 힐티의 「행복론」 중 문구 인용
** 스위스의 사상, 법률가

술병에 바람소리

꽃처럼 피었지
너와 나는
알록달록 서로 다른 색깔로

색다른 두 손을
손바닥 주름 만들며 꼬옥 잡았지
주름 속 그늘이 짙어질 때
얼쩍지근한 땀기로 정들어갔지
누구도 주름의 깊이를 말하지 않았고
그 속의 어둠 또한 들추지 않았지
부딪치는 술잔에
파문이 일거나 별이 떨어지거나
그저 나누었을 뿐이었지
술병에 바람소리 들릴 때까지

지금도 너와나
살랑거리는 저녁 바람에
속절없이 흔들리는 잎이라지만
꽃잎과 꽃잎사이 그늘이 짙어도
꽃으로 살자, 나의 친구여

바람에
낙화되어 날릴 때까지

하얀 하늘

우거진 잎에
햇살 초록으로 쏟아지는
유월의 아침

바람이 자꾸 울타리를 넘어갈 때
어르신은 질끈 눈을 감고
떨어진 장미의 시든 꽃만 쓸어 담는다

배부른 아저씨 고개를 끄덕이며
장미향 짙은 길을
느린 걸음으로 스쳐지나고

상자에 갇힌 젊은이의 눈빛은
울 넘어오는 장미를 보지 못한 채
허둥대는 하루에 빨려들고 있다

오월 가고 유월도 지나는데
만지작거리는 빈 술잔의 쓸쓸함처럼
부서져 날리는 마른 핏빛의 장미

고운 줄 모르고
피었다 그냥 지는
장미의 하늘이 하얗다

가시의 진물

스치는 새벽바람에
바닷가 추억이
살 속에 가시처럼 껄쭉거린다

모래사장에 해당화는
가시를 뾰족뾰족 세우고 있었다
애무하는 손길마저
무참히 상처를 내 피를 보고 말았다
비릿함을 입에 문 젊은이가
비통에 잠긴 시간을 수장하고 있다
해무가 짙은 저녁 바닷가

어둠이 깔리고
등불 깜박이며 다가온 초병은
침묵의 두 손바닥을 신검訊檢하다가
고통의 밤을 덥석 만지고 말았다
가시 꽃을 놓으라며
그의 혈흔을 밤바다에 씻어 줄 때
신음 섞인 파도소리가 들렸다

해당화는 어둠에 누워
감추고 있었다
찌른 자의 고뇌, 핏빛 진물을

참꽃을 만나

사월의 골짝마다
연두 빛 선율들이 흐르고 있다
허공을 떠돌아다니고 있다
어제를 터는 바람소리 들린다

영혼에 산울림이 가득하다면
무엇 때문에 애써 산을 오르려 하는가
참꽃이여 연분홍 참꽃이여

잃어버렸다 다시 찾은 기억 같다
한 차례 뜨거운 사랑이었지만
영원히 허락할 수 없었는지도 모른다
때가 아니었는지도 모른다

눈물 나면 그냥 울어라
골짜기를 적시며 흐르게 하라
소리 없이, 소리 없이

제2부

박제된 나비

날지도 죽지도 못한
나비의 날개는 다시 죽어
부서져 나는 부활을 꿈꾼다 …

누렁이와 달

누렁이는
개울에서 만난 달이 좋아서
저 혼자 컹컹대다
물속으로 펄쩍 뛰어 들었다

한바탕 허우대다
풀죽어 나왔다
젖은 몸을 후루룩 털어내고
다시 보는 개울의 달
주르르
서러움 흘리는 누렁에게
구름 은근하게 내려와
변하고 숨는 것이 달이라고
어둑하게 달랜다

구름의 말도
제 눈도, 믿을 수 없어
고개 외로 꼰 누렁이는
눈만 껌벅인다

나비의 뼈

날개뿐인 나비
산길 바닥에 날갯짓을 한다
마지막 타전을 한다

작은 몸통은
뭍에 것의 먹이로 내어주고
배 불릴 수 없는
두 날개만 오롯이 남았다
나비의 뼈

파닥거리던 몸부림이 무거워
고진함으로 길섶에 안치한다
하늘을 날던 저 날개
숨 없이 팔랑이는 인사에
나뭇잎 눈물처럼 뚝 떨어질 때
풀잎도 가늘게 몸을 떨었다

입 없는 소통
소리 없는 소통

나비의 뼈 속에
영혼을 묻으며 돌아가는
바람과 그 어떤 이

거미의 달

호롱불 타오르고
거미줄에 달빛이 걸렸어요
거미는 달 잡으러 나갔지요

어둠에 움츠린 거미
없는 목이 기다랗게 빠지고
달빛 엮인 사연 뒤척일 때마다
가늘게 떨며
숲의 밤이 깊어가고 있어요
꽃잎도 촉촉이 젖더니
애증의 진물 방울방울 맺혀
기어이 뚝 떨어지는
속내의 섬광蟾光

호롱불마저 꺼지고
누운 풀잎 흐느껴 달싹일 때
거미줄에도 까만 눈에도
가만히 떠서 일렁였지요
밤마다 찾아나서는 거미의 달이
질질 나도 끌려 다니는 현상現象이

잡으려면 사라지는
작은 달 꽃이

장자의 나비었나
거미의 달은

두 얼굴

가을 산길에
가랑비가 따라온다

노란 융단 밟으며
짙어진 솔 향에 촉촉이 젖어도
점점 가빠지는 숨 어쩔 수 없다
헐떡이며 돌계단 올라 한 고비 넘으면
다시 낙엽 깔린 오솔길
긴 숨을 풀어내고 땀을 닦는다

고비 고비 산길은 사람의 길

뒷동산 솔가루 긁어 안고
아이가 부엌에 당도할 때
아궁이 앞 일렁이던 얼굴도
호독호독 태우던 한 고비를 넘는다
눈물 닦은 행주치마 툭툭 털어내며
환한 웃음보이던 여인이 새롭다

어느새
나뭇가지 사이로 뽀얀 햇살 내려와
생긋이 웃고 있다

잎들이 낄낄거리고

가을초입
장맛비가 내린다
며칠을 꼬박 갇혀 살다가
기세를 살짝 꺾는 비
그 사이에 오솔길로 나섰다

이르게 물든
누렁 잎들이 떨어져
꼼짝없이 추풍낙엽 되어있었다
어제는 높았을 그 잎들을 밟으며
나, 운동하러 나간다
높은 곳에서 바람 타는 잎처럼
엄살심한 팔은 땀나도록 돌려서 벌을 주고
꽤 파는 몸은 단체로 뜀박질을 시킨다
온 몸이 함초롬히 젖도록
지친 내 눈 속에서 잎들이 낄낄거리고
떨어진 잎도 덩달아 노랗게 웃는다

질끈 눈을 감아
웃는 입들을 지우고

깃발처럼 머리칼 흩날리며 달린다
최후의 순간까지 꿈을 향해서

특별한 웃음

이른 새벽에
베란다 화분의 누렁 잎을
자꾸 떼어 낸다

새파란 잎들 사이에 낀
누렁 잎이 싫어서 떼고
쪼그라지는 모양이 안쓰러워 뗀다
떨어질 때가 되었구나 싶어서

파란 줄기의 낯선 누렁 잎
잃어버린 자리 찾아 줄 길 없어
흙으로 보내는데
바스러지는 누렁 잎의
마른 웃음소리를 듣는다
꽃을 피워 올리며
그 배후로 살아온 날들을 전하는
누렁 잎의 마지막 웃음

그렇다

나도 사랑으로
곱게 떼어 흙으로 보내 줄 때
머금고 갈까나
고요한 미소 그 마른 웃음을

박제된 나비

삼세번의 생사를 지나
창공에 길을 내며 춤을 추었지
노래하고 싶었지

날마다 하늘을 베어 물며
숨이 넘어갈 듯 넘어갈 듯
스스로를 삼키며 견뎌온 날개가
사상의 표본으로 갇히던 날엔
기막혀 울음을 물고
분진의 혈서를 쓰기도 했지

수없이 많은 비가 내리고
또 흐르고 흘러서
물살에 구르는 돌조차
옛 모습이 아닌데
눈 한 번 깜박 않고 앉아서
녹이 쓴 빗장만 쏘아보는 나비

날지도 죽지도 못한
나비의 날개는 다시 죽어
부서져 나는 부활을 꿈꾼다

해맑은 가을날엔

눈에 깊숙이 어리는
가을 속 그림으로
살아온 날들 고스란히 펼쳐 놓고
하늘거리고 싶다

밤낮으로 짜 올린
금실의 새장을 떠나지 못해
제 그림자 밟으며 울던 새도
고운 가을날엔
개울 숲 노니는 노랑나비처럼
파란하늘 떠가는 하얀 구름처럼
정한 곳 없는 방랑자 되어

가을 숲
뒹구는 여인이고 싶다
온전히 울고 웃는
바람이고 싶다

작은 별의 장미

솔베이지의 노래를 들으며
생텍쥐페리의 '어린 왕자'를 읽는데
느닷없이 징 두드리는 소리로 왔다
내 심장의 심실로
어린 왕자가 물을 주던 작은 별의 장미처럼
하늘의 별들을 바라보게 했다

너에게 길들여진 나

쪼그리고 앉아
두 다리 사이에 얼굴을 묻었다
고요 속 크고 작은 별들이 아득했다
깜박이는 별마다 물음표 매달 때
"나 여기 있어"
가물가물 들리는 소리에
촉촉한 얼굴을 가만히 들었다
주르르 흐르는
내 눈물에 반짝이는 별

오 나의
단 하나뿐인 장미

피아제의 밤 고양이

깊은 밤
잠 못 이룬 고양이처럼
호텔객실 창가에 붙어
나무 블라인드 틈으로 주변을 살핀다

모두들 잠이 들었다
이끼긴 담벼락에 바싹 붙어
노랗게 밝히는 등 하나가
산마르코 광장의 유일한 불침번

웅우웅 쏵아악
밤새 멈추지 않는 발전기는
문명의 진보를 힘껏 밀어내는
피아제 주민의 거친 숨소리

좁고, 느리고, 어둔 환경이
낯설기만 한 이방인
로마에 포획된 밤 고양이는
뜬 눈으로 이태리의 밥이 되고 있다

새가 올 때까지

길가에
하나 둘 연등이 걸릴 때
수틀잡고 울었다

꿈꾸던 스무고개에
산적 같은 '안 된다'가 숨어있었다
이곳저곳에 사정없이 걸리는 여자
찢어지고 터지며 상처만 깊었다
망할 놈의 깨어질 꿈
수정 같은 눈은 자꾸 흐려지고
동네 개조차 달보고 짖던 그 밤
날 키우던 뿌리도 너무 낯설어
붉은 울음을 울었다*
막 탯줄 잘린 아기처럼

실을 잡았다
수틀에 천을 팽팽하게 가두고
바늘로 세상을 꼭꼭 찌르다가
스스로를 찔리며
손끝이 붉도록 수를 놓았다

빗방울 핏방울 삼키면서
부서진 별이 은백색 공단에 일어나
잎이 되고 꽃이 될 때까지
동백꽃 찍어내는
새가 올 때까지

* 서정주의 시 〈문둥이〉에서 인용

나비의 우울

밀리고 밀치는
기록 없는 생각들 속에
퉁방울눈으로 높은 곳만 바라보다
꺾인 나비의 날개다

쌓인 응어리들의 반란
절망이 희망을 잡아채니
울음도 웃음을 꿀꺽 삼켜버린다
시커먼 연기에 휩싸여 넘실대는 혼란
의원에 하소하여 원군 들여도
담 넘은 허무들 난장을 친다

돌이 된 아집은
연잎에 넘치는 빗물보다 버거워
늘 꼿꼿한 척 비틀거렸다
깨야 된다, 버려야 된다
쟁쟁거리는 귀울림을 안고
소리 없는 몸부림을 한다

다시 세운 날개
천천히 팔랑이는 나비다

마지막 비

청춘의 잎이
반은 노랗고 반은 초록인 채
바닥에 떨어져
유월의 마지막 비를 맞고 있다

해 맑은 한 잎
두 가지 색이 하도 고와서
마스크로 입 가리고 우뚝 선 나
잎들의 수런거림 바람에 들릴 때
속절없이 붉어지는 얼굴 아무도 모른다
애틋한 침묵에
주룩주룩 하늘의 빗줄기 굵어지고
때 이르게 땅에 드는 초록 잎
또렷하게 내 보이는 본능의 반쪽
간절함도 빗물에 씻겨나간다

아!
가는 뒷모습도
저토록 고울 수 있구나
나 살아 잎들이 무섭지 않기를

할매의 꽃등

등불이다
좁디좁은 달동네
골목의 꽃은

고단한 삶 헐떡이며
무거운 발걸음 비척이던 곳
녹슨 대문 삐걱삐걱 울 때
야윈 몸의 비늘처럼
뚝뚝 떨어지는 붉디붉은 녹으로
할매의 눈이 시렸다
어둔 골목길이

등 굽은 할매
여린 햇빛 정성으로 긁어모으며
녹물 든 담 밑에 꽃씨를 다독이더니
그녀의 눈에 꽃이 피었다
백일홍 맨드라미 채송화
꽃 찾아온 손님의 날갯소리에
달동네 골목길도 환하다

씨방마다
익어가는 사랑의 소리
가득하다

돌멩이와 나

겨울 산에 바람이 분다

반질반질한 눈길에
소리 없이 내민 뾰족한 돌
발발 떨리는 마음 그 위에 얹을 때
나에게 묻는다, 기억하느냐고
무심하게 차고 다니던 그 돌멩이를
우뚝 느낌표로 서버린 나
꽁꽁 언 돌에 눈물이 돌고 있다

그 속삭임에
발밑부터 올라오는 전율
뜨겁다
돌과 나 사이

내 안의 정화수

'동행' '종이 연'
창에 드는 햇살로 시를 읽는다
나란히 걷는 어깨에도
나는 연에도
찰랑거리는 정화수가 보인다

나무 끝에 걸려
찢겨지며 몸부림치는 연
줄을 잡고 더 높게 오르려다
뚝 끊어지는 허공에 연도 보았다
하늘을 나는 겨울 연을 따라
가느다란 연줄을 풀 때
정성스레 얼레에 올리는 정화수

삶도 시를 읽듯
마음을 읽어야 동행이 되고
연도 얼레와 호흡을 맞춰야 하늘을 날기에
오늘도 정화수를 올린다

햇살과 나
그리고 시 앞에

세이렌의 노래

'버리고 싶다'는
버리지 못해서 잉태된 말이다

구석구석
유약한 걸음으로 머뭇대는 것들
그들의 유린당한 가슴위에서
선홍빛 상흔을 본다
'혹시' 뒤에 처박아 두는 소모품처럼
놓여질 듯 다시 묶여 숨이 막힌다
망망대해 바위섬에선
세이렌의 노랫소리 또 들린다

돛대에 몸부림치는 오디세우스
황홀한 죽음의 노래에 파닥이는 나비
버릴 수 없어, 멈출 수 없어
시간의 날개는 부서지고 있다

제3부

공갈빵

그랬구나,
산다는 것은
잘 부서지기 위한 몸부림 이었구나 …

내가 미끼를 물 때

향기 가득한 어귀
그냥 지나칠 수 없었다

혼신으로 뽑아 올린 꿀단지 끌어안고
그대가 고대한 것이
사랑을 위한 벌 나비의 날갯짓일지라도
꺾일 듯 꽃대 흔들며 부르던 것이
찬란한 빛을 밟고 꽃잎 건너 줄
나비라고 할일지라도
나 그냥 지나칠 수 없었다

살기위해 던지고 살겠다고 무는 미끼
그래, 그래
이 세상 어디에 공짜 있을까

헐떡이며 사는 사이사이
던져진 달콤함에 흠뻑 빠져 돌리는
삶의 수레바퀴

공갈빵

속 비우더라도
단단하게 살라며 날 빚었다

지글거리는 불판
시간 위에
속살 어둠으로 타 들어가고
거죽 누렇게 뜨다 갈색으로 갈라터져도
안간힘으로 모양새 잡으며 버텼다

비우고 또 비워가며
모진 불판 위를 데굴데굴 구를 때도
이를 악 물며 달랬다
빈 가슴을

만삭의 보름달 꿈꾸었다

불판 벗어나
이제 되었거니
뜨거운 숨 몰아쉬는데

날름거리며 핥아오는 혓바닥
달콤하고 고소하게
바지직바지직 부서지는 소리

그랬구나
산다는 것은
잘 부서지기 위한 몸부림 이었구나
새가 되어 날아간다
텅 빈 살점 하나

늙은 자전거

어둑한 뒤란 담벼락에
늙은 짐자전거
녹슨 제 바퀴살을 더듬고 있다

궂은 날 막아주던 낡은 판초자락도
바람에 날아간 지 오래
바퀴를 돌려본 기억이 아득하다
가끔은 꿈속에 신작로 갓길을 신나게
달리기도 하지만
등짐의 무게에 가위 눌리는 밤이면
어김없이 통증은 마디마디를 후벼판다

어쩌다 뒤란에 인기척 나면
슬며시 팔 뻗어 옷자락 잡으며
묵은 먼지로 따라 나서는 자전거
먼지 사이 흐릿한 길로 가다 보면
그 끝에 아른거리는 용광로

펄펄 쇳물 끓는 시간 넘어
이글거리는 불꽃에 데인 듯
쓰걱쓰걱 멈추는 늙은 자전거

무엇으로 지울까

좋았다
살면서 당신을 만나는 것이

버둥대던 한 낮의 열기
저녁바람 노래에 춤으로 식히고
밤길에 넘어져도 이슬방울 툭툭 털어내며
날마다 새롭게 세우는 당신
초록으로 성큼 눈에 가득 들어오면
쭉 두 다리 뻗고 앉아
깔깔대는 소리 별꽃처럼 퍼지고
벌렁 누워 파랗게 뒹굴며 찰칵
배 깔고 턱 고여 또 찰칵
좋았다 당신을 만날 때 마다

최첨단 과학 속
진드기에게 빼앗긴 잔디 밭
진실마저 깔아뭉개는 비닐 자리 펼 때
놀란 방아깨비들 파드득 달라난 후
푸르게 토해 쓴 당신의 편지
옷자락에 남아있는 핏빛의 상흔

무엇으로 지울 수 있을까

사람의 뿌리

풀뿌리는 어둔 곳에서
풀꽃을 피우고
등잔 속에서 심지는 불을 밝히는데

사람의 뿌리는 무엇인가
누구는 조상이라 하고 신이라 하는데
아니다
뿌리는 뚝 떨어져 있는 것이 아니다

이것저것 삼켜 형상을 만들고
얼굴에 말로써 人相을 그릴 때
서운타
소리의 높낮이로 덧칠하는 입

눈이 사람의 꽃이라면
사람의 뿌리는 입이다
지옥과 천국을 오르내리는 입

상상은 무죄

개가 사람의 옷을 입고
사람은 짐승의 옷을 입고
아이는 어른보다 크고
늙은이가 아기보다 작아진

이상한 나라에
내가 서 있다
꿈이겠지, 악몽이겠지

나무에 사람이 열릴 수 있다고
팔다리가 나뭇가지로 뻗치더니
커다란 유전자 콩이 손끝에 매달린다

이것이 사람의 힘
상상이 빚어낸 창조물
꿈이 아니야
이 평화로운 세상이

시시비비 是是非非

아이야
세상을 살다가 보니
할 말이 없어지더라

구름의 형상처럼
시시때때로 변하는 상황狀況 앞에
이러쿵저러쿵 할 말이 아니더라
오고가는대로 물이던 불이던

나 그냥
사랑하며 살란다
절하며 살란다

어떤 친구

문풍지 사이로
늦가을 찬바람이 새어들 즘이면
조심스러워지는 친구

젖은 솜처럼 처지는 몸
질질거리는 발걸음 한 없이 느려지고
부르다만 이름처럼 목에 걸려
헛기침 쿵쿵대며 들어서는 친구

으슬으슬 그가 들면
입을 가리고 옷깃을 세워도
종국엔 따끈한 구들을 짊어지게 한다
살아있음을 알려주고 무리함을 나무라며
휴식을 강요하는 자상한 친구

입인사 눈인사 푸짐한 날에
간절하게 생각난다
볼 것 없이 꽉 쥐었다 놓아주는
겨울감기 닮은 친구가

차별 없애기

개는 짖어야하고
뱀은 똬리를 틀어야 한다
꽃은 피어야하고
굼벵이는 굴러야한다

뱀도 짖어야하고
개가 똬리를 틀어 올리고
꽃이 구르고
굼벵이도 피어야 된다는 세상

참으로 평등하다
정말 평화롭다

문이 있다

빌딩 숲에는
날개 소리가 가득하다

그들의 날갯짓은
유리벽 같은 희망이다
빌딩보다 높은 무한한 꿈에
날지 않을 수 없는 사람들

날개가 벽에 부러지고
유리창에 머리가 깨지면서
벽 밖의 푸른 희망과
끝없는 욕망을 향한 눈먼 날갯짓

빌딩에도 문이 있음을
알지 못한 채
낯선 바람 훅 깃털을 스친다

물음표로 산다

둥근 세상을
점 하나로 악착같이 파고들었다
그것은 또 다른 문장의 시작

칠흑의 바다 속
한 마리 물고기로
불안을 밀어내며 시작된 날들은
망망대해 흔들리는 쪽배와 같았고
소리는 정글의 밤과 같았다
그렇게 자라서
이 바닥에 떨어질 때
붉은 점 위에 구부러진 물음표였다
왜 살아야 하는지
어떻게 살아야 하는지
물음표, 물음표로 살면서

난 보았다
두 다리 쭉 뻗으며
느낌표로 돌아가는 것을

삶의 독본

산을 오르며
나무를 읽는다

뇌처럼 뿌리들 얼크러지고
지렁이 울고 굼벵이 우글거리는 틈새에
멋모르고 촉을 세운 순간
아뿔싸, 삶에 비끄러매지는 것을

마른땅 진땅
팔자소관으로 제 앉은자리에서
나무로 천형의 욕망에 끌려
고된 날을 파먹으며 산다는 것을

갖가지 모양새로
허공 흔들며 걷는 가지도
하늘 향해 나래짓하는 잎도
뿌리의 꿈이요 노래인 것을

하늘로 솟고 싶은 뿌리
뿌리를 배반하는 잎
그들이 병들어 누렇게 뜬다는 것을

자화상

죽으면 썩을 몸에
너무 많은 것을 걸어 놓았다
너덜너덜 휘청 거린다

그들이 가고 있다

화환과 꽃들이
트럭에 실려 가고 있다

타고난 개성에 따라
나름대로 분장한 배역에 맞춰
짧거나 길거나 삼사일
분위기 더해주러 가는 꽃을
한 마리 나비 나풀나풀 따라간다

축하 문구와 애도의 문구가
스스럼없이 바람에 팔랑거리고
탄생의 설렘과 소멸의 슬픔이
한 자리에 부대끼며 갈 때
나비는 기도문처럼 서러웠다

모호한 존재로 얽어매진
씨앗 맺지 못한 꽃들
그들이 흔들리며 가고 있다

나는 그의 종이다

스마트한 그는 구미호다
한 번 홀리면 헤어날 수 없는

재주를 부리며
자극하는 감언이설에 녹아
보고 듣고 늘 끼고 살다가
나도 모르게 그의 종이 되었다

인간의 오욕을
속속 꿰고 있는 여우
부르면 달려가고 깔라면 깔다가
와락 울음이 터졌다

혼을 뺏는 마력으로
곳곳에서 호시탐탐
세상에 막 나오는 어린것들 까지
모두 삼켜 버리는 손 전화

그만 바라본다
오늘도 눈에 노을이 붉도록

매미의 우화

긴 어둠으로 키운 것은
꿈틀거리는 욕망덩어리였다

날마다 불쑥거리던 굼벵이
누렇게 타도록 구르고 굴러
열기에 부르르 떨며 내 디딘 걸음
땅을 뚫고 억척으로 미루나무에 올랐다

아슬아슬하게 매달려
골안개는 어둠 보다 검지 않다고
눈부신 햇살이 낯설어 따가울 뿐이라고
방망이질 다독이며 기다린 밤

낮에 들은 노래 채찍을 삼아
어제의 나를 찢고 뽑아낸 날개
뒤척이는 잎들 속에 가왕을 꿈꾸며
젖은 턱시도 빳빳하게 다릴 때 보았다

욕망이
꿈틀거리며 날 키우는 것을

밥 먹는 손목시계

누군가
'고장난 시계' 노래 부를 때
동굴 같은 서랍 속에서
날 당기는 죽은 시계의 정령

고속의 물결에 쓸려가다 지쳐
옛 시인의 노래를 다시 부르듯이
비비며 주고받던 오감이 아쉬워
죽은 시계에
살살 밥을 줘 보는데
신통도해라
파르르 초침 발짝을 뗀다
어둠의 긴 시간을 털고 속삭인다
재깍재깍
약은 안 먹어도 된다고
태엽 끊어지는 그 날 까지
밥만 주면 함께 할 수 있다고

그래, 그래
창밖의 새들도
약 없는 시계 따라
짹짹거리며 합창을 한다

어느 갱도의 막장

지지대가 가늘게 울었다
천정에서 떨어지는 흙덩이에
광부들의 숨소리도 불쑥거렸다

그 때도 위에서는
어둠의 상납이 노다지의 꿈이라고
술잔을 부딪치며 당당했다

취객의 허풍에 노래하던 사람들
바람든 믿음, 구멍은 점점커지고
푸석이는 갱도에는 어둠이 깊어갔다

거짓의 부메랑은 돌아오고
노다지의 노래와 광부의 비명이
흙먼지 굉음으로 뒤범벅 될 때

여린 새가슴 푸드득 떨어지고
법 아닌 막장 법에
유튜버 방송 새떼처럼 요란하다

제4부

비둘기의 쪽지

너와 나의 경계가
사람들의 비애라고
깃털 뽑아 쪽지로 남기고 간 것을…

어떤 엄지

부끄럽다며
안으로 자꾸 밀어넣던
코브라 닮은 엄지

산다는 것이
무장무장 깊어지는 골목 같아
죽은 뱀처럼 철로에 누워있었다며
눈물어린 웃음
머쓱하게 보이던 사람

가시 돋친 꽃을
유독 보듬던 그윽함
피 묻은 손을 개울에 씻으며
아픔의 잉태를 노래하던
그는

하얀 모시에
수놓아진 백장미다

구멍 난 단지들

참새들이 찍어내는 아침
아파트 뒤
산책로 걸으며 보았다

넘어질 듯 휘청거리며
발보다 몸이 앞서가는 사람
앞서는 발에 몸이 끌려가는 사람
나이에 짓눌려 한숨잡고 가는 사람
배신 때린 다리 질질 끌며가는 사람
제멋대로인 팔 흔들거리며 간신히 가는 사람
육중한 몸으로 어기적거리며 가는 사람
바짝 말라 날래게 지나가는 사람
뛰거나 기거나
구멍 난 삶의 단지에는
헐떡이는 숨소리의 파동이 컸다

삐걱빼각 덜컹거리며
무엇에 떠밀려
어디로 가는가, 사람들은
하늘은 여유로운데
무궁화는 피고 지는데

깨춤

도심에 갇혀 낄낄거린다
바짝 목이 말라붙는다
허둥지둥 새들의 옹달샘을 찾는다

이산일까 저산일까
이 나랄까 저 나랄까
기계음 타고 미친 듯 헤매다가
융프라우 신선한 공기에
새처럼 목을 축이고 숨 한번 돌리는데

앞서 와 기다리는
라면가닥에 또 덜미를 잡힌다
편이영리 꼬인 끈에 결박당한다
다시 던져진 도심의 인간장터
아옹다옹 호객하며 허덕이는 일상

이 난중에

시를 쓰겠다고 순수를 찾겠다고
가는 곳마다 인증, 인증, 바코드 찍으며
인간상품 되어 깨춤을 춘다

비둘기의 쪽지

아파트 베란다에
초대하지 않은 손님이 들었다

꾹꾹거리는 소리를 따라
베란다 여기저기 기웃거리는데
함지박과 채반을 둔 선반 한 켠
비둘기 한 쌍 대화를 나누다
멈칫, 눈치를 본다
말똥거리는 그 눈을 보는 순간
평화대신 똥 생각이 났다

기다란 봉을 깃대처럼 휘두르자
맞은편 아파트 난간으로 날아간다

주인 눈치 보며
들고나는 세입자처럼
어느새 또 숨어들은 비둘기 부부
오늘도 빗속으로 내 몰았다
진종일 비가 내리고 있다

도배하듯 그의 흔적을 지우려다
허연 쪽지 하나 보았다

너와 나의 경계가
사람들의 비애라고
깃털 뽑아 쪽지로 남기고 간 것을

현악오중주 속에는

깊숙한 밤에
베토벤을 만난다

가늘고 굵게 빠르고 느리게
혼신으로 켜는 몸의 소리
어둠 속 구석진 방을 꽉 채운 고뇌가
바이올린 현을 긁으며 짜릿한 전율로 흐른다
홀로 숨 막히던 열정의 시간이
쉼 없이 꼬리를 흔들며 물살을 가른다

허기중에 밤을 살라먹는
대장장이처럼
강약으로 제 심장 두드려 만든 음표들
끝없는 강의 이백 리를 지나는데
귓속을 파먹는 적막의 소리
우울과 슬픔도 고요히 바닥을 흐른다
아름다운 현악오중주 속에서

암울함과 두려움을 밀어내며
가볍고 경쾌한 선율로

시간을 유영하던 밤이 들린다
그의
검은 옷자락을 잡고
나 꿈을 꾼다

봄날에 쓴 반성문

봄날
수통 골 개울을 따라 걷다가
햇살 끌어안고 해바라기가 된다

물이 조약돌을 간지럼먹이니
연두 빛 웃음소리 골짝에 가득하고
히끗히끗 날리는 머리털도
덩달아 벚꽃처럼 반짝이는데
탱탱한 몸을 쭉쭉 펴고 뻗으며
아가씨들 허공에 길을 낸다

봄볕에 수그리고 앉아
산 벚꽃으로 살살 달래는 노구
주무르고 또 주물러 펴보는 주름
그 사이로 시큰한 바람 훅 지나갈 때
해도 해도 너무 한다고
굽은 다리 우두둑 투덜거린다

몰랐다, 그 때는 몰랐다
새잎 어여쁜 줄
알았으면 좋았지
그 때 알았으면 좋았지

내 안의 강

얼기설기
나뭇가지 엮어
걸쳐놓은 섶다리

열두 살 소녀
새참 들고 갈 때면
장마 넘어 부실해진 다리는
주전자 꼭지를 꿀꺽이며 빨았다
한발 한발 내딛는 소녀
물살 위 총총한 낮별도 못 본 채
휘청휘청 건너던 다리
'아버지!' 하고 크게 부르는 소리가
늘 발보다 먼저 건넜다

지금도
내 안에 강을 건넌다
계집애처럼 울렁증 끌어안고
아버지를 외쳐본다

모르쇠 양반

시작과 끝이
언제냐고 묻지 마라
나는 모른다

눈발이 친대도
꽃이 핀대도 나는 모른다
미쳐 날뛰는 바람도
속삭이는 바람도 나는 모른다

하늘과 땅을
돌고 도는 물도
제 멋대로 오고가는
생사소멸도

나는 모른다

왜냐고, 언제냐고
묻지 마라
나
그저 지나는 시간일 뿐이다

희비애환

단비란다
바짝바짝 타들어간 땅에
내리는 나를 보고

벙실댄다, 잎들도 입들도
이집 저집 문 열리는 소리
사르륵 드르륵 담을 넘어
달려나온 손들이 부산하다
비실대던 뿌리목을 축이고
들녘 개구리 목청까지 낭랑해 지면
숨죽이던 지렁이도
꿈틀
등을 세우는데

말라붙은 하천가
몸부림치다 죽은 물고기의 시신
그 틈새의 어둠 속을
짜디짠 눈물로 스미고 스밀 때
누런 수의로 버티던 풀잎도
못 감았던 눈을 감듯

몸을 땅에 조용히 내려놓고
단비의 소리 없는 곡을 받는다

변명2

꽃으로 장식한
나의 동굴에서
여우와 승냥이
그리고 뱀을 보았대도
나는 무죄요

꽃으로 축복하고
여우같이 즐기며
먹이를 노리는 승냥이처럼
권태의 강을 건너는 중

뱀의 세치 혀로
몰락과 질투를 기뻐하라고
은잔에 남실대는
달콤한 포도주처럼

오늘도
삶을 유혹하고 있을 뿐

실소

물 번질거리는
바닥에
닳아빠진 비누가 뒹굴고 있소

뺀질거리던 그도
누군가와 눈 맞으면 그만
그 손에 쏘옥 들어 얼크러지며
며칠분의 번뇌를 풀어내고 있소

뜨거운 물가에 때로 앉아
알몸으로 시름을 벗기는 사람들
쾌몽을 꾸듯
삶의 딱지를 쓱쓱 닦아내고
흐뭇함에 부는
휘파람소리를 듣고 있소

나는 보았소
서로 보듬으며 작아지고 있는 것을
작아지는 것이 비누가 아니었소
부질없는 행각에 미끄러져
실소를 했소
실소를

어느 시인의 이야기
- 시목의 시 제목들

'아침의 시그널'은
'동물의 왕국'에서
'최첨단 우화'를 만들고
'하이에나의 이름'으로
'진돗개'가 되었다.
'독도의 나라'에는
'고사목'이 서서
'민들레 통신'으로
'장미도 팬티를 벗는구나' 음미할 때
'까치소리'는
'겨울 숙제'를 물고
'시장을 한바퀴 돌면서
'종유석의 비밀'을 알아야 한다며
'까마귀 겨울'을
'더 크게 노래하기' 때문에
'애인의 나라'에
'붉은 신호등'이 켜졌다고 한다.

어떤 결심

어떤 시인이
목숨걸고 시를 쓴다고 말할 때
맥없이 뒹굴며 듣고 있었소

벗겨진 발
흙 범벅으로 무릎 긁히며
모랫길 자갈길에
만신창이로 굴러가는 이유를
알 수 없었소

불쑥 튀어나와 던져주는
돌멩이의 퉁명에
이상의 "꽃나무"를 생각했소
'제가 생각하는 꽃나무에게
갈 수 없어 막 달아났다'*는

한 꽃나무를 위하여
그가 애썼던 것처럼
그저 열심히 구르기로 했소

* '이상'의 시 '꽃나무'에서 인용

이탈된 시간

산길이었다
먼저 도착한 아버지가 계셨고
어머니도 보였는데
낯이 설다

이 세상에 다시 왔다고
살아서 걷는 황혼의 가을 길에
뜬소문이 가득했다
내가 죽어서 떠돌고 있다는

내가 죽었다는 소문을
내가 듣는다

어느 날 나는 죽었다는데
잎도 붉은 가을 어느 날
시집 하나 달랑 들고 걷고 있다
그 낯선 가을 산길을

의구심 지고 걷다가
폴짝 뛰어내리는 낙엽에
화들짝 잠을 깼다
아득아득 경계가 흔들린다

청춘의 애드빌

어둠을 지고와
배낭하나 달랑 풀어
모래사장에 소주병을 심는
젊은이가 수상하다

다가 선 제복 앞에
신상을 밝히니
따라온 양동이 속 오징어가
주르르 물을 벗으며
카바이드 불빛에 번뜩인다
살신성인의 몸 보시
준비를 알린다

젊은이와 제복은
그 앞에 고해성사하고
서로의 위안을 밤새 퍼질러 놓는다
청춘의 신열, 막힌 만년필찌꺼기
소주로 녹여
바다에 풀어내는 시간은
처방된 애드빌이다

두 젊은이
엉긴 먹물 풀어내며
한 고비를 넘을 때
바닷바람 비릿하게 웃는다

허기의 응어리
- '신세계로 부터' 4악장을 들으며

사람의 일생에는
허기가 따라 다닌다
겨울나무 가지의 바람의 소리로

시린 바람은
책을 머리에 이고
발바닥에 뚝 살을 만들며
뱃속으로 꾸역꾸역 밀어 넣는 허기다
봄 고향의 정취 멀어지고
낯선 곳의 스산함을 지나
두려움 계속 연주해 가다보면
바람은 장엄하게 되어
신세계로 들어가는 것이다

응어리 된 허기는
다 자란 이의 딸랑이 소리로 온다
잔잔한 평화로움을 깨고 들어서는
신세계의 4악장처럼
불안과 두려움을 한 아름 끌어안고

육중하고 둔탁한 음으로
따-단, 따-단

신세계는 그렇게 오는 것이다
허기 끝에 붙어서

파리의 전언

새들 반가워 지저글거리고
가는 진달래 오는 철쭉
생긋 벙글 웃어주기에
덩달아 벙실거리며 바라보는데

파리가 앵
지나가며 혀를 찬다
제 흥 제 설움에 울고 웃는 것을
저 보고 울고 웃는 다는
가여운 중생들
저러다가 공연히 원망 가득실어
분노의 춤도 추겠지
바람불어 꽃이 진다고
새들도 울고 있다고

아차!
나도 남 일에 꼴이 틀리는
단 한 줄의 팽팽한 현이로구나
끊어지는 날까지
이곡 저곡에 흔들리는

활과 화살

굽은 길이었다
뜨겁게 휘어져
구부린 채 살아야 했다
쭉 펴보지 못한 활에 허리
잠시 화살 만나 품은 사랑으로
뒤에서 조용히 살아야 했다

휘어지며 굽이치는 길
삶이란 굽이치는 것이라고
단 한 번도
반듯한 길 걸어본 적 없다
휘어진 길 모롱이에서
돌아본 길은 따뜻하다

늘 굽은 채로
반듯한 화살과 함께 오면서
꽂이는 외마디 보다
깊게 울렸다

/ 서평 /

허상 벗기, 그리고 몸 가누기

이대영
문학평론가

　우리는 시 창작을 통해 마음속에 자리한 '허상'을 제거할 수 있을까? 혹여, 시 창작 과정을 '자기 구도'의 여정이라는 다소 부담스러운 정의를 할 수 있을까? 우리는 그 가능성의 유무를 떠나, 문학이 왜곡된 그 무엇을 제거하거나 불온성을 정화하는 기능이 있음에 동의한다. 그리고 많은 시를 통해 자기 구원의 가능성을 확인한다.
　허상이란 참모습이 아닌 가상의 상을 의미한다. 그리고, 실상이란 있는 그대로의 진실한 모습을 의미한다. 그러나 착시로 가득 찬 세상에서 실상 혹은 본질을 가려내는 일이 쉬운 일은 아니다. 허상을 제거하는 작업은 빗나간 시선과 사고의 '자리찾기'라 할 수 있다. 자리를 찾는다는 것은 정도를 벗어났거나, 비켜 가려 했던 몸과 마음을 바로 세우는 일이다. '허상'을 제거한다는 것은 '실상'을 바라볼 수 있는 마음의 눈을 가진다는 의미이다. 그러나 삶 속에서 실상과 허상의 경계를 구분하기란 쉽지 않다. 심지어 안경을 쓰고 바라보는 모든 물체 또한 렌즈에 의해 만들어진 허상이기도 하다. 숫자를 더해가는 혁명의 시대에 렌즈를 통해 온몸을 훑고 스쳐가는 시선은 또 얼마나 많은가? 이에, 우리는 이영순 시인의 시 세계를 주목하게 된다. 그의 작품에는 불온한 시대에서 길을 찾고, 허상을 허물어 자신의 몸을 가누려는 가열한 몸부림이 있다. 그것은 곧 참된 삶의 의미를 깨닫기 위한 구도의 여정이며, 시인이 독자에게 보내는 전언이기도 하다.

　이영순 시인은 첫 시집 『길은 어디에』에 이어 두 번째 시집 『절하며 산다』를 출간한 바 있다. 작가마다 시 창작의 지향점이 다르지만, '진실'을 추구한다는 것만큼 의미 있는 일도 드물다. 진실이란 불온 속에 은둔하고 있는 허상을 제거하는 일이며 사람에 의한, 사람을 위한 세상을 만드는 일이기 때문이다.

접힌 골이 아프다 / 쫘-악 퍼지 못한 마음의 골이 / 억지로 이어붙인 문장처럼 아프다 // 시와 나 사이 / 진실과 허식 사이 / 주름이 생기고 그늘이 짙어져 / 날마다 찾아오는 삼경 / 구겨지는 삼경이 숨통을 조인다 /

– 시 「또 운다」 부분

작가는 시 「또 운다」를 통해 허상을 걷어내고 진실에 다가가기 위한 창작의 과정이 고통스럽다고 말한다. 또한, 풀어낼 길이 없어 운다고 고백한다. 우리가 언어를 통해 존재의 시야를 가리는 모든 허상을 걷어낼 수 있다면 얼마나 좋겠는가? 그럴 수 없기에, 시인은 자신의 삶을 성찰하고, 바로잡고 비우며, 끊임없이 새로운 길을 찾아 나설 수밖에 없다.

「세상 속의 별 하나」와 「불신」에서, 시인이 바라보는 세상은 온통 '술판'이며 '불신의 세계'이다. 여기서, 그는 무심히 살아 온 자신의 일상이 어떠한가를 성찰한다. 그는 「내가 낯선 날」과 「나를 닦네」에서 세파에 검게 물든 자신의 영육과, 붉은 욕심으로 가득 찬 얼굴을 발견한다. 「일상을 푸며」에서 하얀 밥에 섞인 뉘 한 알이 자신의 모습이 아닐까를 살펴보기도 하고, 「못을 박다가」에서 삶의 존재 이유를 찾기 위해 끙끙 앓는 소리를 내기도 한다. 시인은 「성에 꽃차를 타고」에서 자신이 '눈 없는 가랑잎' 같이 그저 굴러온 삶이었음을 자각한다. 그러나 불온한 세상에서 삶의 더께를 걷어내는 작업이 어디 그리 녹록한 일이던가? 이에, 시인은 나를 비우거나 지우지 않고는 그 작업이 불가함을 알고 있다. 그러기에 시 「나를 지운다」에서 죽비가 된 빗줄기에 매질을 당하며 나를 지우는 작업을 시도한다. 또한, 「산사에서」 스스로 매질하고 다짐하며 불온한 이미지를 걷어내는 수행을 한다. 그 매질은 일상성에 매몰되어 흐트러진 자신의 심신을 다잡기 위해 새롭게 나를 세우는 행위이며, 새로운 길을 가기 위한 구도의 작업이다. 그러나 자신을 허물고 매질한다고 새로운 길이 보이고, 새로운 세상이 열리는 것은 아니다. 허물고 세우고, 비우고 채우는 작업이 그리 쉽다면 인생은 또 얼마나 경박하고, 존재는 또 얼마나 가벼울 것인가? 그 길이 아득하고 험하기에, 그리고 그 길을 찾고 가는 일이 가치 있기에 사람들은 손을 모으고 죽비로 매질하며 마음을 거듭 다잡는 작업을 하게 된다. 그러나 시인은 첫 시집 「안개 속에서」, 「가을의 방황」, 「길은 어디에」 등에서 여전히 '길에서 길을 찾기'에 분주한 모습을 보여주고 있다.

시인의 두 번째 시집 『절하며 산다』는 세계에 대한 사색과 성찰의 깊이를 더해 '길'이 구체화 되는 모습을 보인다. 시 「거꾸로 선 나무」에서 그는 옳고 그름의 판단이 '빛의 장난과 착시'에 의한 것임을 이야기한다. 빛 혹은 착시는 세계 또는 타자를 바라보는 '사고'로 환치할 수 있는데, 이는 결국 사물의 순수한 본질을 가리는 온갖 불온성의 내용물을 의미한다. 그래서 「그 입 다물라」, 「음습한 동굴이 연못에」 등에서 시인은 가시적인 것보다는 그것을 지탱하는 불가시적인 것에 방점을 둔다. 이러한 작가의 세계에 대한 열린 의식, 혹은 사고의 트임은 '그' 또는 '우리'가 가야 할 길의 방향성을 제시한다.

시 「사랑은」에서 사랑이란 오고 가며 보여주는 것이라는 것을, 「밀가루」에서 사랑은 허기진 사람을 위해 먼저 지우는 것이라는 것을, 「눈 멀어야 사랑이다」에서 사랑은 목적이 없어야 한다는 것을, 「장아찌와 할머니」에서 우리는 모두 밑반찬처럼 의미 있는 존재라는 것을, 「공갈빵」에서는 산다는 것이 누군가를 위해 의미 있는 존재가 되기 위해 인내하고 희생하는 것이라는 것을, 「그녀의 붉은 편지」에서는 맛나게 살기 위해선 서로 어우르며 푹 익어야 한다고 길을 제시한다.

그리하여 시「모래성 놀이」에서 우리의 삶이란 허물어지는 모래성을 계속 지키고 쌓는 작업의 연속처럼 자승자박하는 것이라는 생각에 이른다. 그래서 시인은 죽음이란 지켜야 할 성(城)이 없어지고 자유로운 몸이 되는 것이기에, 모래성과 같은 몸을 훌훌 털어버리고 싶다는 생각에 이른다. 이는 색즉시공의 깨우침을 통해 상생을 모색하는 그의 시 정신을 보여준다.

시집 『나비의 뼈』는 존재의 본질과 사물의 경계에 대한 의문과 성찰, 그리고 길 찾기를 모색하던 단계를 지나 삶을 관조하는 자세를 보인다. 또한 어긋난 것들을 현시하며, 시인이 지향하는 길로 인도하려는 의지도 보인다.

> 개가 사람의 옷을 입고 / 사람은 짐승의 옷을 입고 / 아이는 어른보다 크고 / 늙은이가 아기보다 작아진 // 이상한 나라에 / 내가 서 있다 / 꿈이겠지, 악몽이겠지 //
>
> – 시「상상은 무죄」부분

시인은「상상은 무죄」를 통해 본질이 퇴색하고 있는 세태에 악몽을 경험한다. 본질(本質)은 그것이 그것으로서 있기 위해 없어서는 안 되는 사물 고유의 성질을 말한다. 본질은 본질이 소외당했을 때 그 고유의 존재가치를 상실한다. 경계와 영역의 가치가 무너진 세상에서 시인은 이를 역설적으로 '평화로운 세상'이라 냉소한다.

그러면 시인이 바라보는 존재의 가치가 훼손된 세상 속 풍경은 어떠할까?

참새들이 찍어내는 아침 / 아파트 뒤 / 산책로 걸으며 보았다 // 넘어질 듯 휘청거리며 / 발보다 몸이 앞서가는 사람 / 앞서는 발에 몸이 끌려가는 사람 / 나이에 짓눌려 한숨 잡고 가는 사람 / 배신 때린 다리 질질 끌며 가는 사람 / 제멋대로인 팔 흔들거리며 간신히 가는 사람 / 육중한 몸으로 어기적거리며 가는 사람 / 바짝 말라 날래게 지나가는 사람 / 뛰거나 기거나 / 구멍 난 삶의 단지에는 / 헐떡이는 숨소리의 파동이 컸다 // 삐걱빼각 덜컹거리며 / 무엇에 떠밀려 / 어디로 가는가, 사람들은 /

– 시 「구멍 난 단지들」 부분

그는 '구멍 난 삶의 단지'에서 숨을 헐떡이며 무엇에

떠밀려 사는 현대인을 발견한다. 그리고 「깨춤」에서는 아옹다옹 호객하며 일상에 허덕이는 '인간 장터'에 살고 있다고 말한다. 이러한 시인의 의중은 「삶의 독본」을 통해 드러낸다.

> 산을 오르며 / 나무를 읽는다 // 뇌처럼 뿌리들 얼크러지고 / 지렁이 울고 굼벵이 우글거리는 틈새에 / 멋모르고 촉을 세운 순간 / 아뿔싸, 삶에 비끄러매지는 것을 // 마른 땅 진 땅 / 팔자소관으로 제 앉은자리에서 / 나무로 천형의 욕망에 끌려 / 고된 날을 파먹으며 산다는 것을 // 갖가지 모양새로 / 허공 흔들며 걷는 가지도 / 하늘 향해 나래짓하는 잎도 / 뿌리의 꿈이요 노래인 것을 // 하늘로 솟고 싶은 뿌리 / 뿌리를 배반하는 잎 / 그들이 병들어 누렇게 뜬다는 것을 //
>
> – 시 「삶의 독본」 전문

사람은 삶에 뿌리를 내리는 순간, 욕망에 끌려 고단한 시간을 파며 살아간다. 끝내는 욕망이 인간 본연의 존재가치를 압도할 때, 삶이 피폐해지고 생명성은 병약해지기 마련이다. 그리하여 「문이 있다」를 통해 부러지고 깨지면서, 끝없는 욕망을 향해 눈먼 날갯짓을

하는 사람이 가득하다고 지적한다. 「무엇으로 지울까」에서는 문명에 의한 자연의 오염을, 「나는 그의 종이다」에서는 혼을 빼앗고 세상의 모든 것을 흡입하는 손전화를, 「비둘기의 쪽지」에서는 너와 나의 경계 짓기가 결국, 인간 비애를 낳게 했음을 이야기한다.

이제 시인도 세상을 굽어볼 연륜이 되었다. 시인은 곧게 뻗다가도 굴곡이 생기고, 숱한 마음의 생채기를 낳았던 지난 삶을 돌아보며 현재의 자화상을 그린다.

죽으면 썩을 몸에 / 너무 많은 것을 걸어 놓았다 / 너덜너덜 휘청거린다 /

- 시 「자화상」 전문

그동안 자연에 대한 관조를 통해 길을 찾던 시인은 이제, 삶의 이치와 해법을 찾아 스스로 일어설 수 있는 두 무릎을 가졌다. 그리고 이제는 비우며 살아갈 의지를 보인다. 시인은 「내 안의 정화수」에서 동행을, 「활과 화살」에서 사랑을 품고 사는 포용의 중요성을 말한다. 그 결과 「죽은 나무의 전언」을 통해 삶은 찰나의 연속이며 죽음도 삶의 과정이라는 의연한 자세를 보인다. '안 된다'가 숨어 있던 스무 살의 험로를 지나 경계와 영역을 지으며 다투던 인간 장터에서 한 걸음 비켜선 시인은 이제, '물'을 통해 구멍 나지 않게 살아가는 삶의 섭리를 깨친다.

  이제 시인은 「해맑은 가을날엔」에서 소망했듯, 온전히 울고 웃는 바람이 되어 시공의 자유로운 존재로 살아갈 것이다. 그리고 흔들리지 않는 언어로 시의 뿌리를 다져, 시간에 흔들리는 삶의 가지들을 보듬으며 살아갈 것이다. 그래서 그는 지금 몸을 가누고, 호접몽(胡蝶夢)에 취해 있는 중이다. 나비와 바람처럼, 가볍게 날기 위해.

오름시인선 · 67

나비의 뼈

펴낸날 _ 2022년 11월 22일
지은이 _ 이영순
발행처 _ 기획출판 오름 / 발행인 _ 김태웅
        등록번호 _ 동구 제364-1999-000006호
        등록일자 _ 1999년 2월 25일
        주소 _ 대전광역시 동구 대전로 815번길 125 2층 (삼성동)
        전화 _ 042.637.1486
        팩스 _ 042.637.1288
        e-mail _ orumplus@hanmail.net

ISBN _ 979-11-89486-73-0

값 10,000원

· 잘못된 책은 바꾸어드립니다.
· 지은이와의 협의에 의해 인지는 생략합니다.